LES MINI LAROUSSE

Les 50 règles d'or du rangement efficace

W0200129

LAROUSSE

21 rue du Montparnasse 75283 Paris Cedex 06

Sommaire

Dédramatisez la situation

Vos armoires débordent, votre cuisine déprime et vos papiers s'entassent. Tout est mélangé, vous ne retrouvez plus rien et vous achetez même régulièrement des objets en double ! Pourtant, vous avez le sentiment de passer beaucoup de temps à vous épuiser à ranger... Trop, même. Vous voilà alors en train de baisser les bras !

ACCEPTEZ LA RÉALITÉ

Vous avez l'impression que votre intérieur vous aspire et qu'il a pris le pouvoir. Vous ne savez plus comment le gérer, quelle méthode adopter ou par où commencer... Bref, vous êtes dans une impasse. Manque de temps, d'organisation, de logique ou de moyens, malgré toute la bonne volonté du monde vous ne parvenez plus à refaire surface et, inexorablement, le stress vous ronge et l'angoisse monte. C'est normal, car la tâche est souvent bien trop impressionnante à surmonter.

Comment faire ? Puisque le constat est établi, il y a urgence à accepter la situation mais **restez zen** !

SOYEZ PHILOSOPHE

Oui, cet intérieur est certainement un petit capharnaüm qui donne l'impression d'être (un peu) abandonné et il faut sans doute tout réorganiser, étape par étape. Mais est-ce un sujet si grave qui mérite la panique et l'accablement général ?

Respirez et regardez les choses du bon côté : on apprend toujours en avançant. Ranger, ce n'est pas si compliqué, c'est une question de **réflexes très simples**, de bon sens et de méthode. Au fil du temps, vous apprendrez tout un ensemble de règles qui deviendront très vite des automatismes. Parce que vous allez y parvenir !

MON CONSEIL

Dédramatiser et relativiser sont les meilleures armes pour garder confiance en soi. Soyez certain de vos capacités, il n'est jamais trop tard pour s'y mettre ou pour demander de l'aide, pour s'informer et pour apprendre.

Chassez les fausses excuses

Qu'on se le dise : en matière de rangement, tous les moyens sont bons pour ne jamais s'y mettre, en se complaisant hypocritement dans la situation. Il est donc judicieux de commencer par faire la chasse aux petits démons qui vous interpellent, ils sont les ennemis de votre motivation !

• **De toute façon, je suis bordélique.**
Vous n'avez peut-être pas une logique innée du rangement, mais tout peut s'apprendre quand on a une bonne méthode qui convient !

• **Ranger prend trop de temps.**
Au contraire ! Un intérieur bien rangé permet de gagner beaucoup de temps pour tout retrouver instinctivement et très facilement.

• **Je n'ai pas le courage.**
Plus tôt votre intérieur sera organisé, moins vous aurez à remonter vos manches pour le ranger à l'avenir. Ce qui est fait n'est plus à faire !

• **Ma créativité dépend de mon bazar.**
Einstein ne disait-il pas qu'un « bureau encombré est le signe d'un esprit encombré » ? Méditez là-dessus !

• **Sans ranger, j'ai tout sous la main.**
Ne pas retrouver ses affaires parce qu'on les aurait trop bien rangées est un mythe ! Vous aurez plus de risques de ne pas les retrouver si elles ne sont pas rangées, cachées les unes sous les autres dans des amoncellements divers.

• **Je ne jette rien : pas de gâchis.**
Savez-vous que la majorité des personnes vivant dans des intérieurs dérangés ont beaucoup de choses en double ? Voilà un beau gâchis !

• **Je me fais des surprises (je retrouve des affaires que j'avais oubliées).**
Ne serait-ce pas plutôt merveilleux de s'offrir une journée shopping après avoir fait de la place dans son armoire, tout simplement en la rangeant ?

• **Pas de rangement : mon chez-moi est trop petit.**
C'est précisément en rangeant bien avec un agencement adapté à votre surface que vous retrouverez de l'espace.

Cultivez le bonheur

Ranger éclaircit sa maison mais aussi ses idées : le moral est boosté, tout est remis à plat et l'énergie peut librement circuler chez soi et en soi ! Dans le langage courant, on parle d'ailleurs souvent de « faire place nette ».

DU RENOUVEAU QUI FAIT DU BIEN

Avez-vous déjà remarqué à quel point vous pouvez vous sentir détendu et reposé dans un espace en ordre ? Un gîte de vacances, la maison de campagne de vos amis, une jolie chambre d'hôtel… Les endroits les plus paisibles sont toujours en ordre et harmonieux ; jamais on n'imaginerait un paradis encombré où règne le bazar !

Dans certaines cultures, le **ménage de printemps** symbolise le renouveau et la pureté, après les mois d'hiver et de grisaille : trier, jeter, dépoussiérer, aérer, etc., deviennent tout simplement une fête. Ce rendez-vous annuel est attendu avec impatience, telle une promesse pleine de bon sens qui motive les plus récalcitrants au rangement et au ménage.

FAITES COMME BLANCHE-NEIGE

Ranger procure tout simplement un bien-être et un apaisement intérieur. **En faisant peau neuve, on se libère du superflu.** J'appelle cela le syndrome de Blanche-Neige, en référence au passage où la princesse range et nettoie la chaumière des sept nains. Elle redonne vie et toute sa superbe à cet intérieur où l'entretien laissait carrément à désirer, avant de s'endormir ensuite paisiblement. Cet épisode illustre parfaitement deux choses :

- **Le rangement apaise et rend heureux :** après cet effort en chanson, Blanche-Neige s'est endormie non pas parce qu'elle est alors exténuée, mais parce qu'elle est détendue et heureuse (merci les endorphines !).
- Même modeste, **un intérieur bien rangé sera toujours un intérieur cosy,** agréable et où il fait bon vivre ! On a toujours davantage envie de prendre soin et d'embellir une maison rangée : des bougies, un joli bouquet, des coussins colorés...

Faites du temps votre allié

Famille, travail, loisirs, gestion du quotidien... Avec une vie bien remplie, le temps manque cruellement et le rangement est souvent laissé de côté, en bas de la liste des priorités. Entamer un grand rangement de fond, comme il est souvent nécessaire de le faire pour partir sur de bonnes bases, peut donc sembler impossible et décourageant... Et pourtant !

GRAND RANGEMENT = GAIN DE TEMPS

En vous jetant à l'eau, vous constaterez très vite qu'un intérieur bien rangé fait gagner un temps considérable sur le long terme :

- vous ne passez plus des heures à chercher vos affaires puisque tout est **bien rangé** ;
- vous ne perdez plus des journées à tenter de ranger et d'organiser puisque tout est **déjà rangé**.

PRENDRE LE TEMPS POUR EN GAGNER

Pour ranger mieux et intelligemment, il faut savoir

prendre son temps et accepter de ne pas trop se précipiter. La réflexion et le recul sont alors nécessaires pour :

- trouver un objectif valable et motivant afin de bien ranger (voir la règle 5 page 16) ;
- cartographier votre intérieur (voir la règle 6 page 18).

ORGANISEZ VOTRE TEMPS

Un professionnel du rangement consacre 4 jours à ranger un appartement d'une quarantaine de mètres carrés avec un encombrement moyen. Voilà de quoi largement baisser les bras ! Chassez donc de votre esprit le vœu pieux de ranger seul tout votre intérieur en un week-end : vous vous décourageriez... Le meilleur moyen d'y parvenir est d'organiser votre temps, en rangeant un peu chaque jour, par exemple, toujours dans la mesure de vos possibilités :

- **en segmentant les tâches** (plutôt que de vouloir ranger tous les papiers administratifs, commencez par les fiches de paie, puis les factures d'électricité, les impôts...) ;
- **en créant des zones** (dans chaque pièce, débutez par une étagère, puis un tiroir, un placard...).

Trouvez un objectif motivant

Pour qu'un rangement fonctionne, il faut dès le départ avoir une bonne raison de vouloir ranger, car cela demande un effort considérable. Une bonne dose de motivation est alors nécessaire pour trouver l'énergie de passer à l'acte. Vous devez donc avoir un objectif précis pour l'alimenter.

PRENEZ LE TEMPS DE VOUS PRÉPARER

Ne vous mettez pas à ranger brusquement et frénétiquement sur un coup de tête, sans réfléchir. La motivation ne durera pas longtemps ! **La réflexion est aussi importante que l'action.** Établissez une stratégie pour vous motiver et gardez à l'esprit que votre but n'est pas tant de ranger que de ne plus avoir à ranger une bonne fois pour toutes.

NOURRISSEZ VOTRE MOTIVATION

Pourquoi voulez-vous ranger ? Il peut y avoir des centaines de réponses à cette simple question :

parce que vous ne retrouvez plus rien, que vous en avez assez de vivre dans le désordre, ou même que vous avez honte de recevoir… Au-delà des raisons pratiques, vouloir ranger est souvent lié à l'envie de « rendre beau ». Le cerveau peut alors être stimulé par des images : donnez-lui tout simplement **l'envie d'avoir envie.** Feuilletez des magazines de décoration, cherchez sur les réseaux sociaux, méditez sur ces dressings qui vous font rêver, étudiez cette cuisine si bien optimisée…

AYEZ UN BUT

Cela est fondamental pour nourrir efficacement votre motivation sur le long terme. Votre objectif doit être **précis, positif et possible,** toujours réaliste et facile à atteindre, à la mesure de vos capacités : simplifier son quotidien en retrouvant aisément ses affaires, faire de la place dans son placard pour profiter des soldes… Allez-y pas à pas.

À RETENIR

C'est la corrélation entre motivation et objectif qui fera naître en vous un déclic pour entamer un rangement efficace.

RÈGLE 6

Cartographiez votre intérieur

Chacun a ses petites habitudes : dîner dans le salon devant la télévision, se vernir les ongles dans son lit... Chaque intérieur est donc différent. Du petit studio à la maison, la taille et le nombre de pièces varient et les possibilités de rangement sont infinies. Intégrez la structure de votre habitat dans la méthode de rangement.

Ce que vous souhaitez, c'est, à terme, ne plus avoir à ranger. Puisqu'on range ce qui est dérangé, il suffit donc de faire en sorte de ne plus déranger ensuite ! Pour gagner ce pari, chaque chose doit avoir **une place dédiée, à portée de main** de son utilisation.

Répertoriez les pièces de votre intérieur dans ce qui va devenir votre carnet de bord. Pour chacune, dressez la liste des catégories d'objets que vous jugez utiles. Réfléchissez à ce qui vous semble le plus logique. Chez moi, j'ai définitivement installé la pharmacie dans la cuisine : la prise de médicaments se faisant généralement pendant les repas, tout est rangé à portée de main et, ainsi, les boîtes ne traînent jamais !

EXEMPLES TYPES

- **Entrée :** chaussures, manteaux, clés, sacs, courrier à traiter, vide-poches.
- **Cuisine :** vaisselle, ustensiles, alimentation, produits d'entretien, linge de maison (torchons et serviettes de table).
- **Salon :** livres, CD, DVD, bibelots, magazines, bar.
- **Chambre :** vêtements, livres, magazines, linge de maison (draps).
- **Salle de bains :** produits de beauté et de soin, linge de maison (serviettes de toilette), pharmacie.
- **Bureau :** factures, notices, fournitures, photos, papiers administratifs, matériel informatique.
- **Garage/box :** outils, stockage.

MON CONSEIL

Chaque catégorie doit être la moins dispersée possible et, surtout, correspondre à votre façon de vivre. Vous changerez plus facilement la place des objets que vous utilisez plutôt que vos habitudes !

Faites du tri

Le rangement commence par le tri. Celui-ci consiste à regrouper les objets en quatre catégories : celle à jeter, celle à donner, celle à stocker et celle à ranger. Mieux vous trierez, plus rapidement et plus efficacement vous rangerez !

SOYEZ BIEN ÉQUIPÉ

Le tri est la base du rangement et il n'existe pas dix moyens de le faire. Le concept est à portée de tous : dans chaque pièce, disposez au moins **1 grand sac poubelle** (pour les choses à jeter) et **3 cartons** (pour les choses à donner, à stocker ailleurs et à ranger). Vous allez naturellement donner un ordre de préférence à vos affaires en ne conservant que ce qui vous plaît vraiment.

SEUL OU BIEN ENTOURÉ

Effectuez votre tri en solo ou éventuellement accompagné par une **personne neutre** (un ami d'ami, un voisin, un collègue...). Ne conviez surtout pas quelqu'un qui puisse vous influencer et être susceptible de vous faire douter (votre mère, votre meilleur ami ou votre conjoint), pour éviter ainsi les cas de conscience de type « Cette robe-là, garde-la, elle est chouette », « Ces chaussures, elles ont coûté si cher... », « Cette série de casseroles, ça peut toujours servir... »... Le tri est une affaire sérieuse entre soi et ses objets, que nul proche ne doit parasiter !

QUELLE STRATÉGIE ADOPTER ?

Il existe 2 méthodes : trier pièce par pièce ou regrouper tous les objets de la maison à tour de rôle dans une seule et même pièce, afin de tout trier d'un seul coup. Choisissez votre camp ! Si l'encombrement est très conséquent, triez d'abord les **endroits visibles** où tout le monde a l'habitude de poser tout et n'importe quoi : sur la console de l'entrée, la table de la cuisine, le buffet du salon...

À RETENIR

Si le tri vous semble trop difficile à gérer seul, vous pouvez vous faire aider d'un professionnel du rangement (voir la règle 50 page 91). Ces dernières années, le métier de ***home organiser*** s'est fortement développé en France.

RÈGLE 8

Désencombrez

Puisqu'on achète plus qu'on ne jette, la logique mathématique est souvent implacable : on conserve trop et on commence à être envahi... Quelle que soit la surface du logement, le constat est toujours le même : armoires et étagères débordent, placards et penderies rendent les armes. C'est l'une des raisons pour lesquelles vous ne parvenez pas à ranger efficacement.

LIBÉREZ-VOUS ET ALLÉGEZ-VOUS

L'encombrement est souvent le principal vecteur du désordre : votre intérieur est rempli d'objets, de vêtements, d'ustensiles que vous n'utilisez jamais et que vous ne voyez parfois même plus ! Prenez donc la bonne résolution de vous en séparer ou vous risquez de ne jamais parvenir à ranger correctement, efficacement et durablement.

Cette phase de désencombrement peut être une épreuve difficile, teintée de **culpabilité**, car beaucoup d'objets, même si vous ne les aimez plus, marquent le souvenir d'une personne ou d'une époque. Pourtant, en vous en séparant, vous vous sentirez vite libéré, tel un papillon pouvant enfin sortir de sa chrysalide. Ces objets qui pullulent et polluent votre intérieur sont des freins au rangement et donc au **bien-être**.

LES BONNES QUESTIONS À VOUS POSER

Afin de vous libérer du superflu, demandez-vous pour chacun de vos objets (en étant honnête avec vous-même) :

- **Est-ce que je l'aime toujours ?** (Vous le conservez peut-être uniquement parce que c'est un cadeau.)
- **A-t-il vraiment sa place chez moi ?** (Ce vêtement en taille 36 qui vous rappelle que votre taille de guêpe est devenue une jolie taille de bourdon.)
- **Combien de fois l'ai-je utilisé ces derniers mois ?** (Avouez-le, vous n'en avez même aucun souvenir !)
- **Vais-je l'utiliser prochainement ?** (Étant donné que vous ne l'avez pas utilisé depuis plus de 2 ans...)

RÈGLE 9

Jetez

Dans chaque pièce, éliminez ce qui est abîmé, cassé, ébréché, déchiré, taché... Votre meilleur allié en la matière est le sac poubelle XXL, dont il ne faut pas négliger la résistance !

• Ne jetez pas les objets à même le sol, dédiez au moins **un sac poubelle à chaque pièce** et refermez-le immédiatement dès qu'il est rempli. Vous ne serez pas tenté de fouiller dedans plus tard !
• Certaines personnes préféreront jeter en triant, cela peut sembler logique, mais il n'existe pas de règle absolue en la matière. Dans les intérieurs où les détritus s'amoncellent, il est par exemple nécessaire de jeter pour y voir plus clair afin de pouvoir trier : emballages, prospectus...

MON CONSEIL

Ayez le bon réflexe ! Verre, carton et plastique peuvent être recyclés. Quant aux vêtements, chaussures et autres textiles, apportez-les dans les bacs Relais.

• En appartement, descendez les sacs rapidement dans le local dédié. En maison, regroupez-les et filez dès potron-minet à la déchetterie !

RÈGLE 10

Donnez et vendez

Qui a dit que désencombrer consistait uniquement à jeter ? Libérer l'espace offre aussi une belle opportunité de faire des heureux. Sans compter qu'il est souvent plus facile de se séparer d'un objet si on imagine pour lui une seconde vie ; c'est magique, la culpabilité s'envole !

En triant ce que vous ne souhaitez plus conserver, vous constaterez certainement que de nombreux biens comme la vaisselle, les vêtements, les bibelots… sont en parfait état. Plusieurs alternatives s'offrent à vous.

- **Donnez à des proches :** assurez-vous qu'ils en ont réellement besoin, que ce don ne consiste pas uniquement à vous faire plaisir et à vous rassurer.
- **Donnez à des associations** (Emmaüs, la Croix-Rouge, le Secours catholique…) : certaines peuvent se déplacer chez vous pour récupérer des meubles.
- **Donnez à des recycleries (ou ressourceries) :** leur principe est de collecter des objets qui fonctionnent toujours et de les remettre en état pour

les revendre à des personnes ayant des revenus modestes. Il en existe de plus en plus, notamment en province.

• **Vendez sur des brocantes :** dès le mois d'avril, la saison des brocantes commence pour 6 mois. Renseignez-vous auprès de votre mairie pour en trouver une près de chez vous et y tenir un stand.

• **Vendez sur Internet** grâce aux petites annonces des sites spécialisés (Leboncoin, Vivastreet, Ebay...) : accompagnez toujours vos annonces de photos, en prenant soin de mettre en valeur l'objet à vendre. Il doit être propre et bien présenté.

• **Vendez en dépôt-vente :** vous n'avez rien à faire d'autre que d'y déposer ce que vous voulez vendre, mais le dépôt prendra sa commission.

MON ASTUCE

Pour vous motiver, imaginez la récompense que vous pourriez vous offrir avec le pécule des ventes : un bon dîner au restaurant, un soin de détente, le dernier jeu vidéo...

RÈGLE 11

Stockez

Le stockage consiste à mettre de côté tout ce qui n'est pas utilisé régulièrement. Il peut s'agir de réserves diverses (fournitures de bureau, outils, etc.) mais aussi des valises, de l'appareil à raclette qui encombre la cuisine, des affaires de ski tassées dans la chambre ou encore des décorations de Noël...

GARAGE, CAVE, BUANDERIE ET CIE

Tous ces articles prennent généralement la place qui fait souvent défaut pour ranger des choses du quotidien. Il faut donc les déplacer ailleurs. En fonction de **votre fréquence d'utilisation,** attribuez-leur une place plus ou moins accessible. Ce qui sert très peu dans l'année (les draps de plage, la vaisselle de pique-nique, la sorbetière, etc.) peut être stocké dans le garage, la cave, la buanderie... Attention, il ne s'agit pas de faire de ces lieux des fourre-tout, car leur organisation est tout aussi importante que celle de l'habitation principale.

ASTUCES POUR BIEN RANGER ET AGENCER

Bénéficier d'un tel endroit pour pouvoir stocker (et non entasser !) est une belle aubaine ! Aussi petit soit-il, l'espace doit être optimisé au mieux afin d'en tirer le meilleur parti :

- **créez des zones thématiques** (jardin, bricolage, loisirs, décoration) ;
- **stockez dans des boîtes** hermétiques étiquetées. Elles protègent impeccablement de l'humidité, vous trouverez (et donc rangerez) facilement vos affaires stockées ;
- **misez sur la hauteur.** Dans un petit box, installez des étagères jusqu'au plafond pour optimiser l'agencement.

LES AUTRES SOLUTIONS POUR STOCKER

Si vous n'avez ni garage, ni buanderie, ni cave, des alternatives existent : le **self stockage** permet d'entreposer les affaires dans un box surveillé. Comptez autour de 10 euros par mois et par mètre carré chez les professionnels. Les particuliers proposent désormais aussi leurs mètres carrés non utilisés à moindres frais !

RÈGLE 12

À chacun sa place

C'est l'un des principes fondamentaux du rangement ! Tout ce qui est chez vous a une fonction particulière, que celle-ci soit utilitaire, décorative ou sentimentale. Et puisque chaque chose a une fonction, elle doit aussi avoir une place, SA place.

Ainsi, ranger les objets, les photos, les vêtements, les livres, les ustensiles de cuisine signifie simplement les remettre à la place logique qui leur a été attribuée, près de l'endroit où vous les utilisez.

QUELLE PLACE POUR VOS BIBELOTS ?

Qu'on se le dise, un bibelot ne sert qu'un seul et unique but : décorer !

- Sur une étagère, un buffet ou une commode, ces petits objets doivent être mis en valeur et **supportent mal l'accumulation**, au risque de faire régner un « effet bazar » et de prendre rapidement la poussière. Ils existent grâce au vide qui les entoure.
- Ne mélangez pas les styles. Si vos goûts en matière de décoration ont changé, faites du vide !

Appliquez la loi de proximité

Le désordre révèle que beaucoup de choses sont bien trop dispersées dans les pièces de la maison. Elles ne sont donc pas suffisamment rangées au plus proche de leur utilisation. En effet, chacun des objets dont on se sert tous les jours doit être facile à attraper. Plus le nombre de mouvements pour saisir un objet sera élevé, plus la motivation sera aux abonnés absents pour le ranger !

DU BON SENS À PORTÉE DE MAIN

Pourquoi place-t-on toujours le liquide vaisselle et l'éponge près de l'évier ? Tout simplement parce que pour utiliser n'importe quel objet du quotidien aisément, le plus simple est de l'avoir sous la main ! Le meilleur exemple est celui de la brosse à dents. Un seul mouvement est nécessaire pour la déposer dans le gobelet près du lavabo, c'est parfait ! Qui aurait l'idée de la ranger dans le placard derrière les cosmétiques et les réserves de

shampoing ? Il en va de même pour le savon à côté du lavabo, les stylos dans le pot sur le bureau et les cuillères en bois près de la plaque de cuisson.

Plus un objet est **rapide à attraper,** simplement en tendant le bras, plus il sera **facile à ranger.** Quand c'est logique, notre cerveau, de nature plutôt paresseuse bien qu'il soit efficace, enregistre la donnée automatiquement. Ainsi, tout ce qui a été saisi facilement sera instinctivement rangé à la même place après utilisation, ne laissant aucune chance au désordre de s'installer.

PASSEZ À L'ACTION

Dans chaque pièce, dressez la liste de ce que vous utilisez souvent et trouvez la bonne place où chaque objet sera rangé.

• **Dans la cuisine,** si vous utilisez régulièrement un cuit-vapeur, placez-le dans un endroit stratégique : il doit être accessible, non relégué au fond du placard le plus haut derrière des piles de vaisselle. Inutile, en revanche, de laisser le robot mixer en évidence sur le plan de travail si vous vous en servez rarement. Et si vous ne l'utilisez pas, cela doit vous alerter : il fait partie des choses qu'il ne faut pas conserver. Si ranger les assiettes dans la

cuisine revient à monter sur une chaise, ouvrir le placard et pousser des plats, le nombre de mouvements est bien trop élevé et jamais ces assiettes ne seront rangées. Si vous les utilisez trois fois par an, ce n'est pas un problème, mais gardez celles du quotidien au plus près de leur utilisation.

• **Au salon,** regroupez par exemple toutes les télécommandes dans un petit panier sur la table basse. Pour les journaux et les magazines, perdez la mauvaise habitude de faire des piles qui ne sont jamais lues et ne disposez que ceux en cours, en évidence près du fauteuil ou du canapé.

Respectez les axes de circulation

Bien circuler dans son foyer est indispensable, à la fois pour y vivre agréablement, pour ranger efficacement et pour remettre facilement tout à sa place. Les professionnels respectent, dans les bureaux ou les espaces commerciaux, des normes de passage dont on peut tout à fait s'inspirer.

Dans les pièces, tracez des axes entre deux portes, entre une porte et un placard ou même entre une porte et une fenêtre. **Évitez de les couper** en installant des meubles qui entraveraient la circulation.

Un îlot central dans une **cuisine** fonctionnera si la pièce est très grande et que vous pouvez tourner autour. Idem pour un **vaste canapé-méridienne** dans le séjour.

Pour faciliter le passage dans le **couloir,** laissez libre entre 80 cm et 1 m de large selon l'intensité de la circulation. Si le couloir est large, n'hésitez pas à y installer des rangements ou des étagères.

Créez des zones dans les pièces

Ce serait bien trop facile d'avoir une seule catégorie d'objets pour chaque pièce de la maison ! Un certain nombre de choses de natures complètement différentes cohabitent et c'est un vrai casse-tête pour les ranger.

CATÉGORIES ET FAMILLES

Factures, foulards, fournitures, photos... Pour simplifier leur rangement, regroupez-les par catégorie, puis par famille. Ces dernières permettent d'éviter le mélange des genres. Imaginez un placard dans la cuisine où tous les aliments seraient mélangés. Difficile de s'y retrouver... Idem pour les vêtements, les factures ou encore les livres ! Un rangement efficace doit donc être logique, comme ranger exclusivement les sous-vêtements entre eux et en faire une famille dédiée dans la catégorie des vêtements, par exemple !

QUELQUES EXEMPLES

- Les familles dans la catégorie « **vêtements** » : pantalons, pulls, T-shirts, jupes, débardeurs, foulards, cravates, chaussettes, sous-vêtements...
- Les familles dans la catégorie « **alimentation** » : épicerie salée, épicerie sucrée (sucre, confiture, miel, biscottes), condiments, conserves...
- Les familles dans la catégorie « **papiers** » : factures, assurances, fiches de paie, impôts, retraite, chômage, mutuelle...
- Les familles dans la catégorie « **livres** » : jeunesse, BD, romans, beaux-livres, ouvrages pratiques, dictionnaires...

RANGEMENT DANS LES ZONES DÉDIÉES

- **Dans l'entrée,** aussi minuscule soit-elle, une zone « porte-manteaux » est indispensable, ainsi qu'une zone « chaussures ».
- **Dans la cuisine,** 4 zones cohabitent : le stockage alimentaire ; le nettoyage (produits ménagers et d'entretien) ; le service (vaisselle) ; la préparation/cuisson (ustensiles, casseroles, moules à gâteaux).
- **Dans le séjour,** différentes zones peuvent exister : « loisirs/détente » autour du canapé (télévision, bibliothèque, table basse), « repas » (table et buffet), « bureau », « coin des enfants »...
- **Dans la chambre,** on trouve généralement une zone « vêtements » (armoire, dressing...), peut-être une zone « bureau » (meuble, chaise et étagères...), parfois une zone « beauté » (coiffeuse, miroir...) et toujours une zone « nuit » (lit et tables de chevets).
- **Dans la chambre des enfants** s'y ajoutent une zone « jeux » (caissons avec les jouets, par exemple) et une zone « lecture » (bibliothèque).
- **Dans les petites pièces** comme la salle de bains, par exemple, c'est un seul placard que l'on peut diviser en plusieurs zones, avec des bacs ou des paniers.

Gagnez de la place

L'espace est un luxe précieux dont on croit souvent manquer pour ranger. On a tendance à l'ignorer, mais ranger intelligemment permet pourtant de gagner de la place et d'en faire, tout en conciliant le potentiel de la surface avec le confort !

Le rangement commence avec un tri méticuleux (voir la règle 7 page 20). Une fois débarrassé de quelques affaires, vous récupérerez très vite des étagères supplémentaires dans les placards, les commodes ou les bibliothèques... c'est logique !

Puis, le miracle de retrouver des mètres carrés se produit en rangeant bien et en vous éparpillant moins, en traquant les **espaces perdus** et en agençant ! Entre les meubles « gain de place », repliables ou escamotables, les étagères sous combles, les tiroirs sous les lits, les placards en hauteur, les housses sous vide et les patères à multiplier, tous les recoins de chaque pièce peuvent alors être exploités.

Étudiez l'agencement

L'agencement a un réel impact sur la perception de l'espace. Gagner de la place et optimiser l'installation de ses meubles est la clé de la réussite.

Pour ce faire, il faut prendre en compte le nombre, la surface et l'orientation des pièces, trier et sélectionner les meubles, tout en gardant à l'esprit que le côté fonctionnel prime sur l'esthétique (il sera toujours temps de vous reporter ensuite à la règle 20 page 44) !

Les meubles sont primordiaux, car ils structurent l'espace de l'habitat. Aussi, leur disposition joue un rôle important dans l'organisation de la maison. Dans le salon, oubliez le **canapé d'angle** au milieu de la pièce. Ainsi installé, il entrave la circulation et empêche notamment de remettre les choses à leur place. Grande tendance du moment en décoration, le canapé d'angle reste donc dans un angle, à moins d'avoir un salon de 70 m^2 !

Pensez « fonctionnel »

Un intérieur dérangé n'est jamais fonctionnel. À l'inverse, un intérieur fonctionnel est généralement bien ordonné : puisque c'est pratique, les efforts sont moindres et on range sans y penser !

MEUBLES TOUT-EN-UN

Le pari est gagné si vous remettez instinctivement un objet à sa place après l'avoir utilisé. Pour ce faire, planifiez l'espace afin que le rangement quotidien soit aisé et fluide. Optez pour des meubles pratiques, comme ceux qui remplissent plusieurs fonctions : une console qui se transforme en table à manger, des tables gigognes, un pouf qui fait office de coffre, un lampadaire-guéridon… Pour les petits

MON CONSEIL

Privilégiez plusieurs petits meubles à dispatcher plutôt qu'une énorme armoire dans la pièce de vie qui centralise (et donc mélange) tout !

espaces, les **meubles à roulettes** sont bien utiles, car ils peuvent être déplacés facilement au gré des besoins (caisson, bout de canapé, tabouret...).

MES TRUCS ET ASTUCES

Quel que soit l'endroit, une organisation fonctionnelle économise de l'espace et rend la vie pratique.

- Dans la cuisine, la **crédence** peut s'aménager avec des crochets pour accueillir différents ustensiles pratiques : couteaux, fouets, dérouleurs, spatules... Et si la pièce est petite, utilisez sans crainte la **hauteur sous plafond** pour installer des rangements (pour être au top de la fonctionnalité, tout ce qui est utilisé dans la cuisine doit tout simplement s'y ranger).
- Dans la chambre, les **têtes de lit** font leur retour en force ! C'est donc le moment de choisir un modèle avec des rangements intégrés. Tout ce qu'on a l'habitude de laisser traîner y trouvera sa place naturellement : quelques livres, des revues, un chargeur de téléphone, des huiles essentielles, des pastilles pour la gorge, de la crème pour les mains, des boules Quies...
- Dans la salle de bains, si vous manquez de place, retirez les **médicaments** (rangez-les dans la cuisine ou les toilettes, par exemple).

Privilégiez les rangements malins

Que l'on vive en appartement ou en maison, on n'a parfois pas assez de place pour tout ranger facilement, même après un tri efficace. L'aménagement n'est donc jamais à prendre à la légère, car il joue énormément sur l'organisation de l'intérieur. Les concepteurs de mobilier l'ont bien compris, gare à certains types de meubles souvent très chers ! Quelques astuces et du bon sens suffisent.

DANS L'ENTRÉE

Dédiez idéalement un espace pour un meuble à chaussures, un portemanteau, un vide-poches et un support pour les clés.

DANS LA CUISINE

Optimisez les espaces inutilisés avec des **étagères** (derrière la porte, au-dessus de la fenêtre, à côté du réfrigérateur…) et privilégiez des meubles à tiroirs ou à portes coulissantes qui offrent plus de place.

DANS LE SALON

Pour les lecteurs DVD, consoles, box Internet et autres, les **meubles fermés** ont l'avantage de protéger de la poussière et de donner une impression d'ordre. Quant à la **table basse,** elle doit toujours s'adapter à son environnement. Il existe de nombreux modèles très ingénieux avec des tiroirs ou des casiers intégrés, pour ranger facilement les télécommandes et les magazines en faisant place nette.

DANS LA CHAMBRE

Souvent délaissées, les **tables de chevet** sont pourtant indispensables pour poser ou ranger les petits effets personnels. Pour le rangement des couvertures et autres couettes, misez sur le lit à tiroirs, le sommier-coffre ou, plus économiques et tout aussi redoutables, les housses à compacter.

DANS LA SALLE DE BAINS

L'armoire de toilette n'est plus très à la mode. Quel dommage, car c'est bien le meuble le plus optimal pour ranger tous les soins du quotidien ou même les médicaments à portée de main. Quant aux vernis et tubes de rouge à lèvres, offrez-leur une étagère à épices dont le format est parfait.

Harmonisez votre mobilier

Ranger son chez-soi, c'est aussi l'arranger. Un intérieur avec des meubles en harmonie donne davantage envie de bien ranger. Ainsi, même s'ils doivent avant tout être fonctionnels, les meubles disparates et témoins d'un style que les moins de 20 ans ne peuvent pas connaître sont le signe qu'il faut passer à l'action !

Nul besoin de casser la tirelire ! La tendance est au *home staging*, c'est-à-dire faire avec ce que l'on a. On commence alors par trier les meubles, car comme pour tout le reste, on en a souvent trop ! C'est certainement le bon moment pour descendre au garage quelques grosses pièces de famille qui ont tendance à comprimer l'espace. Elles y feront de parfaits rangements pour stocker les réserves.

Unifiez les meubles à conserver. Un peu d'huile de coude fera des miracles : entre peintures, lasures et cires, le choix est vaste dans les magasins de bricolage !

Aimez votre nid

Ne négligez jamais les apparences ! Quand un intérieur est douillet et chaleureux, on a davantage envie d'en prendre soin et d'y chasser le désordre, grand fauteur de trouble pour le charme des lieux.

Donnez du cachet à vos pièces en remettant de l'ordre et en entretenant une atmosphère pimpante et chaleureuse. Vous aurez **plaisir à rentrer chez vous** et à recevoir famille et amis !

Pour leur refaire une beauté et organiser un espace de vie agréable et propice à la convivialité, la **décoration** ne manque jamais d'imagination, même à moindres frais : murs colorés, touches de verdure, bougies parfumées, plaids et coussins chatoyants... Tout est possible pour satisfaire vos envies. Faites de l'intérieur accueillant de vos rêves une réalité ! Investissez dans de beaux rideaux et un tapis moelleux, multipliez les sources de lumière avec plusieurs éclairages d'ambiance et jouez sur les matières.

Dédiez un coin pour chacun

Les intérieurs peuvent être organisés de différentes façons, selon qu'on y vive seul ou en famille. Dédier un coin pour chacun, c'est faire en sorte que chaque membre de la famille puisse s'épanouir à la maison, tout en respectant les autres.

C'est un espace qui doit rester une **zone limitée**. Par exemple, même si les jouets des enfants doivent être rangés dans leurs chambres, un coin pour eux dans la pièce de vie où ils aiment tant jouer auprès des parents est indispensable. Cependant, le but n'étant pas d'y rapatrier tous les jouets et d'être envahi, inutile d'y consacrer la moitié du salon ! Les enfants aiment changer d'activités ; ce n'est pas tant la surface qui compte que le **renouvellement** des jouets qui s'y trouvent. Installez un rituel : invitez vos petits à choisir pour la semaine quelques jeux dans leur chambre à installer dans le salon, et à ranger ceux qui s'y trouvent.

Aménagez votre entrée

Un petit coin dédié près de la porte principale est pratique pour poser et ranger vos affaires, qui ne se retrouveront plus immanquablement éparpillées sur le fauteuil ou sur la table basse du salon.

Cet espace doit être pensé comme une zone de transit entre le monde extérieur et votre chez-vous, aménagé de façon à être le plus pratique pour ranger, mais surtout pour tout retrouver instinctivement.

Fixez au mur, près de la porte, un support pour les clés, ainsi qu'un portemanteau (qui peut être aussi un modèle sur pied selon l'espace disponible). Le meuble à chaussures n'est pas négociable, même si vous avez un placard. En effet, même le plus petit peut accueillir une dizaine de paires, et tous peuvent faire office de console pour y poser un vide-poches et le courrier à traiter.

Organisez votre cuisine

On pense souvent à tort que c'est le nombre de meubles qui prime dans une cuisine pour bien la ranger. Pourtant, peu importe sa surface ou la quantité de rangements. L'essentiel est qu'elle soit fonctionnelle pour ranger vaisselle, ustensiles et alimentation au plus près de leur utilisation. Pour ce faire, et éviter mélange ou dispersion, la pièce doit être divisée en quatre zones.

LA ZONE DE SERVICE = AUTOUR DE LA TABLE

Regroupez-y la **vaisselle** par genre (tasses, verres, assiettes...). Rangez la vaisselle et les couverts du quotidien à portée de main en privilégiant des petites piles, pas trop lourdes à manier.

LA ZONE DE PRÉPARATION = PLAN DE TRAVAIL

Ustensiles, casseroles et moules peuvent vite occuper une place folle ! Le mieux reste de les hiérarchiser en fonction de leur fréquence d'uti-

lisation. Ceux dont vous vous servez chaque jour (poêles, casseroles...) doivent être plus faciles à attraper que les autres, utilisés à priori moins souvent (moules, etc., que vous rangerez alors en haut des placards). En règle générale, veillez à ne pas trop encombrer le plan de travail, qui sera ainsi plus facile à organiser et à nettoyer. Dans la cuisine, c'est généralement lui qui donne le ton !

LA ZONE DE NETTOYAGE = AUTOUR DE L'ÉVIER

Les **produits d'entretien** sont plus faciles d'accès sous l'évier. Mais inutile pour autant d'en avoir toute une collection pour occuper à tout prix tout le placard ! Ces produits sont périssables (généralement dans les 3 ans suivant l'achat).

LA ZONE DE STOCKAGE = DENRÉES ALIMENTAIRES

Attention, les aliments placés ailleurs que dans la cuisine sont souvent oubliés ! Dédiez-leur alors un placard ou deux dans la pièce, c'est suffisant, voire des grands tiroirs, plus pratiques pour avoir une vision d'ensemble sans avoir à tout sortir pour retrouver une malheureuse conserve.

RÈGLE 25

Soignez votre séjour

Le séjour est la pièce principale du foyer où on aime se retrouver en famille, se détendre et recevoir. Apportez-lui donc une attention toute particulière afin d'y couler des moments agréables et conviviaux !

• Comme le séjour est généralement la pièce la plus grande, **divisez-le en zones** pour mieux vous organiser : détente (table basse, canapé, télévision, bibliothèque...), repas (table, buffet...), coin des petits (coffre de jeux...).
• **Traquez le bibelot** et déclarez-le « espèce en voie d'extinction » ! Retenez que moins il y en a, plus ils sont beaux et mis en valeur.
• Sélectionnez magazines, livres, DVD et CD en opérant un tri régulier, **soyez drastique** et ne conservez que ce que vous aimez.
• Un séjour agréable est souvent lumineux : **faites entrer la lumière** en optant pour des murs clairs et multipliez les éclairages indirects.
• **Adoptez la *cosy attitude*** : un tapis tout doux, des bougies, quelques plantes, un plaid moelleux...

Bichonnez votre chambre...

La qualité du sommeil est en partie liée à l'environnement dans lequel on dort. Face aux chambres-capharnaüms, cela laisse songeur ! Et si vous transformiez la vôtre en un lieu propre et reposant qui invite aux rêves ?

- **Aérez chaque matin,** été comme hiver, pendant au moins 10 minutes, et faites votre lit chaque jour.
- Mettez l'accent sur la **décoration** : des éclairages d'ambiance, quelques coussins, une parure de lit...
- **Traquez les poussières** et aspirez régulièrement le matelas (installez une housse de protection).
- **Ne surchargez pas la pièce** : un lit, une armoire et deux tables de chevet sont suffisants.
- **Exploitez la place sous le lit,** non pas pour y cacher du bazar, mais pour ranger efficacement en installant des bacs à roulettes avec des couvercles.
- **Faites du tri** régulièrement et éliminez tout ce qui n'a rien à faire dans la pièce !

Et celle des enfants

Quand les petits bidules en plastique de vos enfants ont une fois de plus fait régner le chaos dans le salon, il est temps de mettre le holà !

CHACUN SON ESPACE

Afin de respecter la tranquillité de tous, les pièces de vie ne peuvent pas être des **succursales de salles de jeux**. Un petit coin dédié peut accueillir quelques jouets, oui, mais cet endroit doit rester un lieu de transition. Il est donc important que les jeux soient rangés dans la chambre des enfants, un espace qui leur appartient et dont ils doivent progressivement apprendre à être responsables.

RANGEMENT, MODE D'EMPLOI

Dans cette pièce, la première chose à faire est de se mettre à **leur hauteur** pour vérifier que le mobilier est adapté à leur petite taille. Pour les plus jeunes, préférez des meubles bas ouverts, sans porte à manipuler. Pour ranger les jouets, la méthode la plus fonctionnelle est de les regrouper par catégories simples, selon leur fonction : jeux de société, jeux de

construction, petites voitures, poupées, peluches, livres, déguisements, dînette… Répartissez-les ensuite dans des contenants, comme par exemple des **bacs à roulettes** en plastique transparent : en un coup d'œil, votre enfant voit tout ce qu'ils contiennent, ils sont légers et donc facilement manipulables.

> **MON CONSEIL**
>
> Et si, au quotidien, tout se résumait à une seule règle : « Ranger toujours les jouets après le jeu. » ?

RESPONSABILISEZ-LES !

Impliquez toujours vos enfants dans le rangement de leur chambre, c'est un **apprentissage** qui ne doit pas être perçu comme une contrainte et qui peut même s'effectuer sous forme de jeu. Faites du vide et triez ensemble les jouets, au minimum une fois par an, par exemple pendant les vacances avant la rentrée scolaire. Les enfants grandissent vite, c'est important de **leur laisser le choix** en les responsabilisant sur ce qu'ils veulent ou non conserver. Ce qu'ils ne souhaitent pas garder peut être rangé dans une boîte à souvenirs, mais aussi donné ou revendu à petit prix à des bourses aux jouets.

RÈGLE 28

Ne délaissez pas la salle de bains

La salle de bains parfaite est à la fois fonctionnelle et propice à la détente. Rien de mieux qu'une pièce agréable où chacun peut retrouver ses affaires en un clin d'œil, sans déranger celles des autres.

LES BASES À CONNAÎTRE

Rangez à portée de main tout ce que vous utilisez quotidiennement (brosse à dent, mousse à raser...). Chacun doit disposer d'une zone pour ranger ses produits : un tiroir, un panier dans un placard, une étagère... Utilisez des **séparateurs de tiroirs** ou des petits bacs en plastiques (dans les rayons dédiés des magasins de bricolage) pour regrouper par familles les soins du corps, des cheveux, du visage, le maquillage... Faites régulièrement du tri, car une fois entamés, les cosmétiques ne se conservent pas plus de 6 mois.

ET LES MÉDICAMENTS ?

Rangez-les dans un **placard** (fermé à clé si vous avez des enfants) à l'abri de l'humidité, de la lumière et de la chaleur. **Deux fois par an**, videz-le pour le nettoyer et trier les médicaments. Ne gardez que ceux d'utilisation courante qui ont encore leur emballage d'origine et leur notice.

Une fois le tri effectué, adoptez une logique de rangement implacable en regroupant **les familles** : antalgiques, somnifères, antiviraux... Pensez à placer les **pansements** à côté des antiseptiques et mettez en évidence les médicaments que vous utilisez souvent en fonction des pathologies familiales (antihistaminiques, anti-inflammatoires...). Enfin, pour éviter les impairs, séparez toujours les médicaments pour les **enfants** de ceux pour les **adultes**.

À RETENIR

Que faire des médicaments périmés ou que vous n'utilisez pas ? Apportez-les dans n'importe quelle pharmacie afin qu'ils soient traités dans le respect des règles environnementales.

RÈGLE 29

Attaquez-vous au bureau

La majorité des foyers étant désormais équipée d'un ordinateur, on a donc tous généralement un bureau chez soi. Et même si celui-ci sert principalement à surfer sur Internet et à jouer, profitez-en pour organiser autour de lui une vraie zone consacrée à l'administratif. Qu'il soit installé dans une pièce dédiée ou dans un petit coin du séjour, vous éviterez de vous retrouver débordé en l'organisant intelligemment !

ACTE I : VIDER CE QUI TRAÎNE ET REGROUPER PAR CATÉGORIES

Quand les factures côtoient les papiers de brouillon, les Post-it, les prospectus, les vieilles gommes et les dessins de Barnabé, ça devient vite très compliqué ! Retroussez vos manches et éliminez tout ce qui ne sert plus. Regroupez ensuite les fournitures, les dossiers, les CD... et triez les factures **par nature** (voir la règle 34 page 64). Veillez

toujours à placer une corbeille à papiers près de votre bureau, à portée de main !

ACTE 2 : RANGER DANS DES ZONES DÉDIÉES

Nul besoin d'un bureau de ministre ; une petite table avec quelques tiroirs peut suffire. Et sinon, un caisson à roulettes fera parfaitement l'affaire ! L'idée est d'avoir suffisamment de **tiroirs** (entre 3 et 6) pour bien s'organiser. Par exemple, dédiez le premier tiroir aux fournitures, le second aux dossiers en cours et le troisième au stock (feuilles, matériel scolaire...). Ainsi rangé, seul le **strict nécessaire** est placé sur votre bureau : un pot à crayons, une corbeille à trier, un bloc-notes... Vous y verrez plus clair et ce sera bien plus agréable à vivre au quotidien. Enfin, rangez tout ce que vous avez archivé (factures, fiches de paie, assurances...) dans des boîtes à archives, sur une étagère au-dessus du bureau, à portée de bras pour tout trouver aisément.

Chérissez garage, cave, box, grenier

Ces lieux maudits, perpétuellement encombrés d'un bric-à-brac d'objets hétéroclites et insolites, ne sont pas à prendre à la légère.

LES JOKERS DU RANGEMENT

Ce sont des **petites surfaces bonus** qui ont plus d'un tour dans leurs mètres carrés à l'heure où les prix flambent ! Des endroits parfaits pour stocker tout ce qui n'est pas utilisé régulièrement. S'ils sont bien rangés, le stockage sera optimisé (vous aurez plus de place) et plus agréable (nul besoin de vider vélos, bouteilles, rollers et jeux de plage pour accéder au bon carton qui contient les déguisements !).

LES RÈGLES D'OR POUR LES RANGER

Attention, cela ne signifie en aucun cas que TOUT peut y être conservé et entassé. Suivez les indications suivantes pour en faciliter l'accès, particulièrement dans les caves souvent à l'abandon.

- **Videz tout et triez :** dans le garage, comme dans la cave, entreposez uniquement ce dont vous vous servez (et non ce dont vous ne savez pas quoi faire !).
- **Nettoyez et dépoussiérez :** n'est-ce pas plus agréable de ranger, puis récupérer ses affaires dans un endroit propre et sain ? Profitez d'une belle journée pour y organiser un vrai nettoyage et aérez !
- **Créez des zones :** peu importe la surface, il est toujours possible de ruser, même dans un petit box, en utilisant toute la hauteur sous plafond pour installer des étagères ou suspendre des vélos. Dans ces zones, regroupez par familles les différents articles : bricolage, loisirs, décorations...
- **Préférez les bacs en plastique** avec couvercle hermétique aux cartons qui se déforment et ne protègent ni de la poussière ni de l'humidité.
- **Bannissez le stockage alimentaire** qui attire les rongeurs, et que vous finirez de toutes façons par oublier s'il est loin de la cuisine.

MON ASTUCE

Pour avoir des repères plus facilement, peignez des pans de murs de couleurs différentes et associez-les aux zones que vous avez créées.

Balcon, terrasse, jardin

Il paraît qu'ils apportent la sérénité... Mais le jardin se mue parfois en aire de jeux et le balcon en cave-buanderie-grenier ! Ces précieux écrins méritent mieux pour passer du bon temps.

En matière d'aménagement au jardin, il suffit de déterminer différents espaces et de s'y tenir : **repas** sur la terrasse, **jeux** dans un coin de la pelouse, détente dans un autre coin d'herbe, près d'un massif ou du potager... Les zones doivent cohabiter sans se laisser marcher sur les pieds !

Sur le **balcon**, éliminez d'urgence tout ce qui n'a rien à y faire (réserves alimentaires, meuble à chaussures, jouets en tous genres...). Un balcon n'est en aucun cas une pièce de stockage, car il n'est pas à l'abri du vent, des intempéries et des variations de température. Au besoin, installez un **coffre** adapté en résine pour ranger facilement et discrètement le matériel de jardinage et les petits outils. C'est tout ! Le reste du balcon est fait **pour profiter** : une table, un transat, des pots de fleurs, des lanternes...

Les chaussures

Vous voilà prévenu : ces chaussures qui ont parcouru des kilomètres de trottoirs douteux et de transports en commun ne peuvent en aucun cas avoir le droit de séjour dans le dressing réservé aux vêtements ! Les habits rangés sont propres, les chaussures ne le sont pas.

Le moyen le plus simple de ranger ses souliers est de séparer ceux du quotidien des autres (de soirée, de sport, hors saison...). Les paires de tous les jours doivent être accessibles, idéalement dans l'entrée, par exemple dans un **meuble à chaussures dédié** dont le format étroit est parfait pour un encombrement minimum. Rangez les autres dans leurs boîtes et empilez-les dans un placard ou sur des étagères, en séparant genres et saisons. Collez sur chaque boîte la photo de ce qu'elle contient, une étiquette ou, à défaut, sa description détaillée. L'identification rapide est indispensable, car plus vite vous trouverez vos chaussures, plus facilement vous les rangerez !

Les vêtements

Le surpeuplement vestimentaire est le cauchemar des placards, la hantise des dressings et la plaie des commodes ! Quand ils affichent complet, une seule solution : tout vider et faire preuve de bon sens.

CEUX À GARDER ET LES AUTRES

Triez vos vêtements. Ne conservez que ceux que vous aimez **vraiment** et ceux que vous portez régulièrement. Tout ce qui ne l'a pas été **depuis plus d'un an** ne le sera jamais et tout ce qui est conservé pour raison sentimentale n'a pas sa place dans un dressing : le pull-doudou de votre première boum doit loger dans une boîte à souvenirs (voir la règle 44 page 80) !

LA MÉTHODE DE RANGEMENT

Effectuez toujours le tri des vêtements dans une seule pièce, sans les éparpiller et sans les mélanger ; c'est ainsi plus fonctionnel pour s'organiser.

Dans le dressing, rangez de façon pratique en gardant à l'esprit que, dès que vous ouvrez votre armoire, vous devez avoir une **vision d'ensemble**

sur ce qu'elle contient, sans passer des heures à fouiller dans les piles. Rangez pulls et T-shirts par catégories et par couleurs. Sur les **étagères** à portée de main, rangez les vêtements du quotidien et réservez les moins accessibles à ce que vous portez plus rarement. Si vous avez la chance d'avoir un **grand dressing,** divisez-le en deux : à gauche pour Monsieur, à droite pour Madame (ou bien un côté pour l'été, un autre pour l'hiver). Traquez **la place perdue au sol** sous les vêtements, en logeant des bacs pour ranger foulards, ceintures ou sacs à main. Les modèles à couvercle protègent mieux de la poussière. Côté penderie, suspendez pantalons, jupes, robes et chemises **du plus court au plus long**, par saison, par type et par style.

MON ASTUCE

N'utilisez qu'un seul cintre par vêtement et alignez-les tous dans le même sens. Choisissez des modèles en caoutchouc fin et antiglisse ; ils prennent moins de place que les modèles en bois. Réservez ces derniers aux pièces plus lourdes, comme les manteaux.

Les papiers

Factures et paperasse administrative en tous genres découragent fréquemment plus d'une bonne volonté. Et pourtant, il n'y a rien de plus facile ! Le secret est de ne pas se laisser déborder par la situation. En traitant immédiatement tous ces papiers déprimants qui reviennent trop souvent dans la boîte aux lettres, il n'y a plus qu'à les trier pour les archiver.

DE L'ART DE FAIRE LE TRI

Trier, c'est tout simplement classer par catégories, de façon assez intuitive pour s'y retrouver. Vous pouvez utiliser à cet effet **des chemises à rabats cartonnées** pour ne pas les mélanger : factures, assurance, banque, impôts, fiches de paie, allocations familiales, santé... À la fin de l'année, la règle est immuable : il faut ranger les chemises dans une **boîte à archives** étiquetée (n'oubliez pas d'y inscrire l'année !).

COMBIEN DE TEMPS LES GARDER ?
(SOURCE : WWW.SERVICE-PUBLIC.FR)

Famille et santé :

- Assurance-vie (contrat et relevés) : 10 ans
- Avis de versement d'allocations familiales : 5 ans
- Carnet de vaccination, carte de groupe sanguin, carnet de santé : à vie
- Certificats, examens médicaux, radiographies : à vie
- Jugement de divorce ou d'adoption, contrat de mariage, livret de famille : à vie
- Ordonnances (durée de validité) : 1 an généralement
- Récapitulatifs de remboursements d'assurance maladie et maternité : 2 ans

Vie professionnelle :

- Déclarations de revenus et avis d'imposition sur le revenu : 3 ans
- Attestations Assédic ou Pôle emploi : jusqu'à obtention de l'allocation chômage
- Échéances d'allocations chômage : 3 ans
- Bulletins de salaire, contrats, certificats de travail : jusqu'à liquidation de la retraite
- Bulletins de paiement de la pension de retraite : à vie
- Notes de frais : 3 ans

Maison :
- Attestations d'entretien annuel de la chaudière : 2 ans
- Avis d'impôts locaux (taxe foncière, taxe d'habitation) : 1 an
- Contrats de prêt (immobilier et consommation) : 2 ans
- Contrats de ramonage : 1 an
- Échéances des APL (aides pour le logement) : 2 ans
- Factures d'électricité, de gaz, d'eau : 5 ans
- Factures de téléphone fixe : 1 an
- Factures liées à des travaux : 10 ans
- Preuves de paiement des charges de copropriété : 10 ans
- Preuve de restitution de matériel (box) : 2 ans
- Quittances de loyer : durée de la location + 3 ans
- Titres de propriété : à vie

Autres :
- Chèques à encaisser : 1 an et 8 jours
- Relevés de compte, talons de chèque : 5 ans
- Contraventions pour amende forfaitaire : 3 ans
- Reçus pour solde de tout compte : 6 mois

Informatique et multimédia

Câbles USB et HDMI, prises jack, chargeurs et téléphones pullulent dans plus d'une pièce. La plupart du temps, on ne sait même plus à quoi ils servent ! Il est urgent de faire le point.

Logiquement, il faut conserver tout ce qui sert, éliminer tout ce qui ne servira plus (Péritel...) et se résoudre surtout au fait que les technologies **évoluent**. En gardant exclusivement ce que vous utilisez, vous gagnerez un temps précieux sans plus passer des heures à chercher ce fichu chargeur au milieu des autres, obsolètes.

Réservez un seul tiroir, idéalement dans le bureau, par catégorie de matériel : câbles de télévision, d'ordinateur ou de téléphone... Identifiez ces derniers en enroulant une étiquette autour, car il n'y a rien de pire que les câbles : ils se ressemblent tous !

Les livres, CD, DVD

Même si vous lisez peu, écoutez rarement de la musique et préférez le cinéma aux DVD, en cherchant bien, vous avez forcément des livres et des CD qui traînent quelque part, oubliés car mal rangés.

LES LIVRES

Deux écoles s'affrontent : ceux qui gardent tout et ceux qui opèrent une sélection rigoureuse en choisissant de ne conserver que l'essentiel. Que l'on soit ou non attaché à une ambiance littéraire dans son foyer, la règle de base est de toujours ranger ses livres **à proximité de leur lecture**.

Vous n'êtes donc en aucun cas obligé de centraliser tous les ouvrages dans le salon, au contraire ! Si la famille lit des **BD** dans les toilettes, il est temps d'y installer une étagère appropriée. Dans la cuisine, on peut logiquement trouver les **livres de recettes.** Gare toutefois à l'ambiance « grasse » des lieux... Rangez plutôt dans un tiroir les quelques livres fétiches que vous utilisez souvent et gardez les autres rassemblés dans une pièce adjacente.

Dans les rayonnages, fuyez les classements alphabétiques trop complexes. Préférez un **regroupement par secteurs** (livres pratiques, romans, BD, arts…). Alignez les ouvrages à la **verticale** dans le même sens, afin que la tranche soit visible et que vous puissiez les identifier facilement.

À RETENIR

Les bibliothèques protègent davantage les livres de la poussière et de la lumière que de simples étagères.

LES CD ET LES DVD

Pour les ranger sans perdre de place, utilisez des boîtes à tiroirs dans lesquels vous glisserez les boîtiers à la verticale. Les boîtes protègent ainsi de la poussière, sont empilables et existent dans différentes matières et couleurs.

Comme pour le reste des objets, faites régulièrement du tri dans les livres, les CD et les DVD. Un point s'impose **une fois par an** : donnez les indésirables à des hôpitaux, à des maisons de retraite, à des écoles ou à des centres de loisirs. Sachez aussi que de nombreuses librairies sont spécialisées dans la revente d'occasion.

Chassez les intrus

Dans nos sociétés consuméristes, nous avons souvent tendance à déployer beaucoup d'énergie pour accumuler de nombreux biens, sans même avoir le temps d'en profiter. Or vaincre le désordre, c'est avant tout s'en débarrasser en traquant le superflu envahisseur à l'origine de bien des maux ! Pour éviter de se poser en martyre du rangement et des tâches ménagères, deux alternatives s'imposent.

BEAUCOUP EN UNE FOIS

Faire un unique et grand désencombrement de printemps chaque année est une solution. En revanche, cela peut occuper un week-end entier au minimum, mais, surtout, prendre beaucoup d'énergie et de motivation dont on manque cruellement...

UN PEU TOUS LES JOURS

Décidez de changer pour agir au quotidien en mettant en place des habitudes et suivez-les pas à pas, sans avoir besoin de réfléchir. Par exemple, refusez l'achat de ce qui n'est pas nécessaire ou

séparez-vous sans attendre de ce qui ne sert plus : ce livre déjà lu (n'est-il pas plutôt temps de prendre un abonnement à la bibliothèque ?), les dessins de vos enfants (vous pouvez garder les plus beaux dans une jolie pochette, quant aux autres... à quoi bon ?), les dizaines de pots de confiture vides, les vieux bidons de peinture entamés, les tickets de caisse qui datent, les produits de beauté en triple exemplaire, les bibelots hétéroclites... En bref, cultivez l'art du vide !

Il ne s'agit en aucun cas de vivre dans un intérieur minimaliste, mais plutôt de chasser l'intrus à chaque occasion, en choisissant de dire « non » au parasitage, pour faire enfin **circuler les énergies positives.** Ainsi, vous conserverez uniquement ce qui est utile, très beau, ou qui vous procure de la satisfaction au quotidien.

MON CONSEIL

C'est la même chanson pour les meubles qui prennent de la place pour peu de chose : ce banc, dans l'entrée, vous sert-il réellement ? Ces quatre fauteuils dans le salon, n'y en a-t-il pas un ou deux en trop... ?

RÈGLE 38

Gérez vos réserves

Beaucoup de familles font des réserves au-delà du raisonnable. Pourtant, les denrées ont une durée de conservation à respecter !

Pour gérer efficacement et facilement vos stocks, regroupez-les par catégories (provisions alimentaires, produits ménagers, fournitures scolaires, etc.), à l'image des rayons des supermarchés. Chaque catégorie doit ensuite être divisée en familles : dans la cuisine, regroupez par exemple les pâtes et les céréales, les conserves, les épices, les condiments... Si vous avez peu de place, rangez ces réserves au fond des placards en prenant soin de laisser à l'avant les **produits entamés**. Conservez toujours les réserves, quelles qu'elles soient, dans un endroit sec, à l'abri de l'humidité et des variations de température. Si vous n'avez pas d'autre choix que de conserver les stocks alimentaires dans un garage ou un box, mesurez au préalable le **taux d'humidité**.

LES TEMPS DE CONSERVATION RECOMMANDÉS

Dans le placard :
- Les conserves : 5 ans maximum.
- Le vinaigre : 2 ans.
- Les pâtes, le riz, les légumineuses, le thé et les condiments : 1 an.
- Les céréales, les farines et les herbes séchées : idéalement 6 mois.

Dans le congélateur :
- Pain et baguette : 1 mois.
- Pâte à tarte, viennoiseries : 2 mois.
- Viande hachée : 2 à 3 mois.
- Fromage râpé et beurre : 3 mois.
- Poisson en filet et crustacés : 3 à 4 mois.
- Plats cuisinés, soupes et sauces : 3 à 4 mois.
- Poulet en filet ou en pilon : 6 mois.
- Viande de porc, d'agneau ou de veau : 6 à 8 mois.
- Viande de bœuf, gibier et volaille : 8 mois.
- Fruits et légumes [lavés/séchés ou blanchis] : 10 à 12 mois.

Attention : la température du congélateur doit être située entre -18 et -24 °C [Source : www.consoglobe.com].

RÈGLE 39

C'est dans les boîtes !

En plastique, en métal, en osier, en tissu ou en carton, le bonheur est dans les boîtes ! Pour tous les goûts et les budgets, elles sont devenues les indispensables du rangement futé à moindre frais.

Décoratives, pratiques et parfaites pour gagner de la place, les boîtes s'invitent un peu partout et existent désormais dans tous les formats. Elles permettent, par exemple, d'organiser une armoire ou une commode, simplement en la **compartimentant** : chaussettes, foulards, ceintures ou sacs à main sont mis en boîtes...

Elles sont aussi très pratiques pour stocker **tous types d'objets même fragiles,** car elles maintiennent à l'abri de la poussière et de l'humidité. Privilégiez alors les boîtes en plastique solides, empilables et avec des couvercles clipsables. Les modèles transparents offrent l'opportunité de repérer en un clin d'œil ce qu'ils contiennent.

Faites danser les étiquettes

De toutes les formes et de toutes les couleurs, à fabriquer soi-même ou à personnaliser, les étiquettes sont économiques et indispensables pour un bon rangement. À utiliser sans modération !

Des rangements bien étiquetés, ça aide toujours à mieux ordonner et à s'y retrouver. Plus que jamais dans la **chambre des petits,** qui pratiquent avec brio le fouillis : en collant sur les bacs de rangement leurs dessins de poupées, peluches, Lego et dînettes, c'est plus simple !

Dans la cuisine, plutôt que de ranger les **épices** au fond d'un placard inaccessible, alignez-les dans un tiroir. Sur chaque couvercle, collez une étiquette pour faciliter définitivement la recherche de la muscade ou du curry.

Dans le placard de l'entrée, l'étiquette sait aussi se rendre indispensable pour retrouver vos escarpins préférés parmi les 27 boîtes qui y ont élu domicile.

RÈGLE 41

Optez pour les bacs à bazar

Difficile, voire impossible, de remettre quotidiennement ciseaux, clés, pansements, stylos et autres paquets de mouchoirs rigoureusement à leur place après les avoir utilisés ? Pas le temps, ni le courage… Le bac à bazar peut sauver la situation !

Choisissez une jolie boîte de taille moyenne, par exemple en métal ou en osier, assortie à votre décoration. Une fois par jour, généralement en fin de journée, regroupez-y tout ce qui traîne. Elle assure ainsi une **transition**. Le week-end, rangez son contenu à sa place (obligation absolue !).

Vous pouvez éventuellement avoir plusieurs bacs à bazar dans des pièces stratégiques (entrée, cuisine, salon et chambre). Attention toutefois à ne pas les multiplier au sein d'une même pièce. Ils ne doivent sous aucun prétexte devenir des nids à bazar abandonnés ! Enfin n'hésitez pas à impliquer chaque membre de la famille pour les gérer.

Adoptez le plier-rouler

Pourquoi ne pas lâcher cette fâcheuse habitude de s'évertuer à plier consciencieusement le linge pour le ranger en piles, même dans la commode, alors qu'il n'y a pourtant rien de pire pour s'y retrouver ? Halte aux piles qui s'effondrent et qui prennent trop de place dans les tiroirs !

Rouler le linge est beaucoup plus pratique pour gagner de la place et du temps. Les risques de froissement s'en trouvent nettement réduits, alors adieu les mauvais plis ! Cette technique fonctionne aussi bien avec le linge de maison (serviettes, torchons, draps-housses, taies d'oreillers, etc.) qu'avec les vêtements (T-shirts, pulls, pantalons, etc.).

Pliez en deux chaque pièce, puis roulez-la sur elle-même. Déposez le linge ainsi roulé en rangs serrés dans un tiroir ou sur une étagère, vous en aurez une vue globale sans chambouler les piles.

RÈGLE 43

Séparez-vous de certains cadeaux

Anniversaires, crémaillères, Noëls, mariages, PACS, bar-mitsva... Autant de fêtes et de bonnes raisons pour offrir et recevoir des cadeaux tout au long d'une vie. Des attentions qui nous touchent ! Oui, mais voilà, puisque leur accumulation est conséquente, est-on néanmoins obligé de conserver ces présents *ad vitam aeternam* ?

Les cadeaux sont des **charges affectives** qu'il ne faut pas confondre avec les personnes qui nous les offrent. Ils peuvent beaucoup nous plaire sur l'instant, et puis, le temps passant, la vie change, les modes et les goûts aussi... Bien entendu, on aime toujours ceux qui nous les ont offerts, mais ces vieux cadeaux, en revanche, plus vraiment.

Il convient de faire preuve de discernement et d'honnêteté. Si vous avez un espace suffisant pour les stocker, comme un grand château en province, pourquoi pas... Sinon, **déculpabilisez** une bonne

fois pour toute, et apprenez à vous en détacher, comme pour n'importe quel objet du quotidien.

Un cadeau n'est pas une extension de celui qui a voulu vous faire plaisir il y a 26 ans ! S'en séparer reste fréquemment une décision lourde à prendre, voire un sujet tabou. Pourtant, il ne faut pas se voiler la face : à l'époque, à peine le cadeau déballé, la magie du présent tant désiré s'était vite envolée. Pire encore, il vous évoque peut-être à présent bien des souvenirs douloureux...

Prenez donc la bonne décision de changer vos habitudes : gardez les cadeaux qui vous plaisent et qui vous sont utiles. Quant aux autres, la sentence sur leur sort doit être irrévocable. **Rompez la relation identitaire** avec eux, chérissez ceux qui vous les ont offerts et le souvenir de ce jour. Et surtout, profitez-en pour autoriser vos proches à considérer de la même manière vos cadeaux, et riez-en ensemble !

Créez des boîtes à souvenirs

La vie est remplie de souvenirs qui nous sont chers et dont nous ne voudrions pour rien au monde nous séparer. Et pourtant, vous vous passeriez bien de ce vide-poches en pâte à sel, première œuvre d'art de votre enfant à 3 ans (il en a bientôt 15), sur la table basse du salon... Le cœur balance entre se résoudre à le jeter *(oh mais non, quand même, je ne peux pas !)* ou le conserver *(oui, mais où ?)*.

DES PETITS BOUTS DE VIE CHÉRIS ET PRÉSERVÉS

Qu'ils soient de petits objets, des photographies, une mèche de cheveux, une carte postale ou un galet, par exemple, regroupez-les dans des jolies boîtes dédiées. Ainsi, vous aurez l'impression de ne pas tout jeter et de **conserver l'essentiel** ! Créez autant de boîtes que vous le souhaitez (dans la limite du raisonnable !), l'idée étant de vous assurer que tous

les souvenirs qu'elles contiennent seront faciles à retrouver, intacts, bien protégés de l'humidité et de la poussière, prêts à affronter les années.

EXEMPLES DE CATÉGORIES DE BOÎTES

- **Événements importants** (mariage, naissance, baptême...) : un faire-part, le bracelet de naissance des enfants, les sujets d'une pièce montée...
- **Voyages** : des billets d'avion, le plan d'une ville, un guide touristique, les tickets d'un musée...
- **Enfance** : un premier doudou, quelques cahiers, une boîte à musique, la lettre d'un amoureux...
- **Deuil** : les souvenirs d'un être cher gardés dans une boîte, ce n'est pas morbide. J'ai rangé, ceux de mon grand-père : son alliance et sa montre, mais aussi des portraits de famille, une branche d'olivier de son jardin, une petite gravure très kitch qui me rappelle tant son salon...

MON ASTUCE

Le temps d'un atelier lors d'un dimanche pluvieux, customisez des boîtes avec vos enfants. Ils pourront ainsi les personnaliser et y ranger à leur tour ce qu'ils souhaitent conserver.

RÈGLE 45

Sensibilisez votre tribu

Il va de soi que pour rester épanoui, mieux vaut éviter de se transformer en esclave domestique ou en tyran du rangement ! En couple ou en famille, partager les responsabilités, c'est se motiver ensemble.

L'implication de chacun pour mettre la main à la pâte est donc fondamentale ; respecter les autres, c'est **vivre en équilibre**. Aussi, le rangement s'enseigne dès le plus jeune âge en établissant des règles simples au quotidien : déposer son linge sale dans le panier, remettre les choses à leur place après les avoir utilisées, ranger ses jouets après le jeu, gérer ses papiers personnels...

Ce n'est pas toujours facile de motiver la maisonnée, mais la clé consiste à prendre la mesure du **temps gagné** si tout le monde s'y met : du temps pour faire autre chose que ranger tout le week-end et se chicaner à qui rangera quoi, du temps pour sortir en famille ou avoir des loisirs en amoureux...

Soyez organisé

Pour éradiquer le débordement, ennemi public n °1 du rangement, l'organisation doit toujours s'opérer sur le long terme. Appliquez en douceur une valse à quatre temps.

1. **Chaque jour,** consacrez une dizaine de minutes en fin de journée à regrouper ce qui traîne : papiers, linge, fournitures, prospectus, clés... Rangez-les directement ou entreposez-les dans des bacs à bazar (voir la règle 41, page 76).
2. **En fin de semaine,** videz et rangez ce que contiennent les bacs à bazar, gérez l'administratif (traitement et archivage des factures et papiers divers...) et vérifiez toutes les pièces.
3. **Une fois par mois,** rangez un espace à fond : le placard de la cuisine ou l'armoire à pharmacie, les tiroirs du bureau, le réfrigérateur...
4. **Une fois par an,** videz et triez les fournitures, les vêtements, les jouets... Côté ménage, c'est aussi le bon moment pour effectuer un grand nettoyage en déplaçant les meubles, aérer et dépoussiérer !

Mettez en place des automatismes

Pour vous faciliter la vie, vigilance et rigueur en matière de rangement doivent devenir votre devise. Si vous parvenez à adopter des petits automatismes au quotidien, vous n'aurez plus jamais de grosse corvée de rangement.

NE BAISSEZ JAMAIS LA GARDE

Si « ranger pour ranger » représente une réelle contrainte à laquelle on associe trop souvent, en grognant, les mots « corvée », « fatigue », ou « besogne », il est temps d'adopter l'adage selon lequel **ce qui est fait ne sera plus à faire.** Ranger un peu chaque jour, jeter ce qui doit l'être, remettre les choses à leur place après utilisation et adopter des réflexes, c'est supprimer définitivement le grand désordre de sa vie et ainsi profiter du temps gagné. Il suffit donc de ne pas baisser la garde, d'ouvrir l'œil sur le courrier qui traîne, les journaux qui s'empilent, la vaisselle qui déborde ou les vêtements qui jonchent

les fauteuils... Tel est le prix à payer pour ne plus jamais passer des heures interminables à ranger.

ADIEU, DÉBORDEMENT !

- **Remettez toujours les choses à leur place** et incitez tous les membres de la famille à suivre le mouvement ! Et si c'est trop difficile, cela signifie que ça doit être rangé ailleurs.
- **Triez régulièrement** et éliminez ce qui est superflu : jetez, donnez, vendez !
- **Rationalisez vos déplacements.** Par exemple, ne montez pas à l'étage les mains vides...
- **Ne remettez pas au lendemain** ce qui peut être fait le jour-même en moins de 3 minutes : jeter les prospectus, ouvrir le courrier, payer une facture...
- **Anticipez** en consacrant chaque soir 10 minutes à rassembler ce qui traîne.

À RETENIR !

En consacrant une dizaine de minutes par jour à remettre de l'ordre, c'est près d'une heure de gagnée le week-end, soit 4 heures par mois et plus de 50 heures par an !

Rivalisez d'ingéniosité

Quand on n'a ni le temps, ni la place, ni le budget, les idées les plus judicieuses sont toujours les bienvenues !

DANS LE SALON

Vous pouvez exploiter le potentiel d'une **cheminée condamnée** en fixant des tablettes dans le foyer : transformation en bibliothèque garantie ! Les cagettes en bois, très tendances en décoration, s'avèrent aussi pratiques pour empiler revues et plaids.

DANS LA CUISINE

Troquez les plinthes des meubles contre des **tiroirs à roulettes** et glissez des range-bouteilles dans les espaces vides (pour stocker, par exemple, les rouleaux de papier en tous genres). Et si vous êtes en guerre contre les **couvercles** de boîtes en plastique, il suffit d'utiliser un petit égouttoir à vaisselle pour les aligner dans le placard.

DANS LA CHAMBRE

Pour suspendre vos **bijoux**, fixez une petite tringle à rideaux dans la contre-porte de l'armoire. Vous pouvez aussi détourner une boîte à œufs, dont les petites alvéoles sont parfaites pour ranger les bagues. Pour gagner encore plus de place dans le dressing, suspendez à la tringle une chaîne à maillons, puis glissez un cintre par maillon, l'un sous l'autre. Les **anneaux de rideaux de douche,** quant à eux, ont des pouvoirs surprenants : accrochez-en une dizaine sur un cintre et suspendez-y cravates et foulards.

DANS LA SALLE DE BAINS

Fixez des gobelets au mur pour gagner de la place. Abusez des **patères** pour accrocher serviettes et pyjamas et éradiquez ainsi leur abandon permanent au sol. Pour vous faciliter la vie du côté du tri, prenez désormais l'habitude de noter au feutre la date d'ouverture du pot de crème que vous venez d'entamer. Cette technique est redoutable, notamment pour les crèmes solaires !

DANS L'ENTRÉE

Si la place vous manque pour installer une console, un **panier mural** peut accueillir le courrier et faire même office de vide-poches.

DANS LE PLACARD À CHAUSSURES

Rien de pire que les bottes qui s'affaissent ! Glissez dedans des **bouteilles en plastique** ou un magazine préalablement roulé.

DANS LE COIN BUREAU

Inspirez-vous des bricoleurs : fixez une **plaque perforée** au mur pour que ciseaux, trombones et agrafeuse prennent la place des tournevis (ça marche aussi dans la cuisine, pour suspendre poêles et petites casseroles).

DANS LA BUANDERIE

Pour gagner de la place, superposez la machine à laver et le sèche-linge grâce à un **kit de superposition** (30 euros environ). Celui-ci permet de les maintenir en place.

Appliquez les 10 commandements

Le rangement-gagnant intègre des règles simples avec lesquelles on doit apprendre à vivre.

1. Un objectif précis, tu auras.
2. Dans toutes les pièces, du tri tu feras (jeter/donner/stocker).
3. Des souvenirs tu ne t'encombreras pas car des boîtes, tu leur dédieras.
4. Des meubles pratiques, tu choisiras.
5. Par catégorie et famille, tes affaires, tu classeras (vêtements, livres, papiers, photos, alimentation...).
6. À proximité de son utilisation, chaque objet, tu rangeras.
7. Des boîtes pour ranger et stocker, tu abuseras.
8. De nouvelles habitudes, tu prendras, et chaque chose à sa place, tout le monde remettra.
9. Chaque jour, 10 minutes au rangement, tu consacreras, et tous les occupants du foyer, tu impliqueras.
10. Des loisirs avec le temps gagné, tu auras !

Osez appeler à l'aide !

Malgré la meilleure volonté du monde, il arrive que l'on se sente complètement dépassé par l'ampleur du tri et du rangement à effectuer, sans savoir par où commencer...

Inutile de vous morfondre et de culpabiliser ! Des solutions existent pour venir à bout des intérieurs les plus désorganisés, apprendre et reprendre confiance en vos capacités. La profession de *home & office organiser* (appelée aussi coaching en rangement) s'est fortement développée ces dernières années. De la cave au grenier, les spécialistes du rangement interviennent chez les particuliers ou les professionnels, en adaptant leurs services aux besoins et au budget des clients. Par exemple, ils peuvent vous proposer un coaching de base sur une pièce en vous enseignant une méthode, ou bien intervenir avec un accompagnement plus poussé pour organiser tous les espaces de la maison.

Les sites utiles

POUR DONNER, VENDRE ET ÉCHANGER

- www.chercheminippes.fr
- www.donnons.org
- www.toutdonner.com
- www.ebay.fr
- www.emmaus-france.org
- www.leboncoin.fr
- www.lerelais.org
- www.recupe.net
- www.recupe.fr
- www.recyclivre.com
- www.troctoo.com
- www.troc.com
- www.vivastreet.com

POUR STOCKER

- www.costockage.fr
- www.jestocke.com
- www.ouistock.fr
- www.we-square.com

HOME & OFFICE ORGANISER

Pauline Levasseur : www.bypauline.fr

Également aux éditions Larousse !

Direction de la publication : **Isabelle Jeuge-Maynart et Ghislaine Stora**
Direction éditoriale : **Catherine Delprat**
Édition : **Marie Gazagne**
Mise en page : **Les PAOistes**
Fabrication : **Geneviève Wittmann**

Crédits iconographiques : © **Shutterstock.com /AldanNi (gardes) ; /toranosuke (p.13) ; /Geneviève Borden (P. 23) ; /Grimgram (p.25) ; /Neonic Flower (p.33) ; /Iconic Bestiary (p.57) ; /attaphong (p.61) ; /2kawaiiiness (p.64) ; /Sproadthesign (p.72) ; /Verkhozina Ekaterina (p.79) ; /Paladjai (p.87) ; /dumayne (p.90).**

ISBN 978-2-03-592855-9

Imprimé en Espagne par Unigraf SL
Dépôt légal : mars 2017
318338/01- 11033438 - janvier 2017

PAPIER À BASE DE FIBRES CERTIFIÉES

LAROUSSE s'engage pour l'environnement en réduisant l'empreinte carbone de ses livres. Celle de cet exemplaire est de : 200 g éq. CO_2
Rendez-vous sur www.larousse-durable.fr